CORAZÓN DE HOJALATA

TIN HEART

Margarita Saona

Esta es la historia de dos corazones. Este libro reúne poemas escritos entre diciembre de 2015 y febrero de 2017, desde que un sorpresivo diagnóstico de fallo cardiaco me condujo a un transplante de corazón. Entre esos meses sobreviví además a una arritmia fatal gracias a un implante de mecanismos de asistencia ventricular, bombas en los ventrículos, que me permitieron vivir desde entonces hasta el transplante.

Los poemas llegaban con una frase, con un ritmo propio, pero no siempre en el mismo idioma. Llegué a los Estados Unidos hace 26 años, cuando tenía 26 años. No podía imaginar entonces que algún día escribir en inglés fuera a serme casi tan natural como escribir en español. Y sin embargo, vivo esta doble vida, a caballo entre el inglés y el español tanto en mi vida privada como en mi vida profesional. La experiencia de mi enfermedad, rodeada de profesionales de la salud de todas partes del mundo, pero con el inglés como lengua franca, hizo que fuera esa lengua la que podía por momentos expresar con más facilidad todo lo que venía con la experiencia. En cambio, otras veces, la lengua materna se imponía con ese ritmo en mí primordial. Muchas veces encontré yo misma las resonancias y creé dos versiones, yendo de mi original inglés a un poema eco en español, o viceversa.

Pero otras veces el poema vino en un idioma o en el otro y no se me daba la forma de llevarlo a la segunda lengua. La destreza y sensibilidad de Marco Dorfsman me ha dado traducciones que reflejan mejor de lo que yo hubiera podido esos poemas que a mí se me resistían a dejar su lengua original. Las traducciones de Marco me sorprenden con una belleza nueva. Me hacen contemplar el reflejo de mis palabras, de mi afecto, de mi ritmo, en un puente de dos vías.

Esta es la historia de dos corazones, vivida en dos lenguas, en un cuerpo que se disocia en la experiencia de la enfermedad y de la intervención médica. Hay dos versiones de cada poema. Algunas de ellas gracias a las traducciones de Marco. En esta historia de dos corazones está mi viejo, gastado, corazón. Pero está también, desde el principio, este nuevo corazón, que hasta hace poco animaba otra vida y ahora late en mi pecho. A esa vida y a los suyos les dedico este libro.

This is the story of two hearts. This book contains poems written between December 2015 and February 2017, the time of a journey that started with a sudden diagnosis of cardiac failure and concluded with a heart transplant. During those months I also survived a fatal arrhythmia thanks to the implantation of ventricular assist devices, pumps for the ventricles, which allowed me to live until I received the transplant.

The poems came to me with a sentence, with a rhythm of their own, but not always in the same language. I came to the United States 26 years ago, when I was 26. I could not imagine then that one day writing in English was going to be to me almost as natural as writing in Spanish. However, I live this double life, split between English and Spanish both at home and in my professional world. The experience of my illness, surrounded by health professionals from all over the world using English as the lingua franca, made English the preferred choice to express all that came with that experience. But there were moments when my mother tongue would impose itself with what is for me a primordial rhythm. Many times I was able to find the echoes of one poem in another and I created two versions, going from an original English text to a Spanish one or vice versa.

Still, there were times when the poem came to me in one language or the other, but I did not find a way to transfer it to the other language. Marco Dorfsman's skill and sensibility have given me translations of those texts that reflect better than I could the poems that resisted me. Marco's translations surprise me with a new beauty. They make me contemplate the reflection of my words, of my affect, of my rhythm, on a two-way bridge.

This is the story of two hearts, experienced in two languages, in a body dissociated by the experience of the illness and the medical intervention. There are two versions of each poem. Some of them thanks to Marco's translations. In this story of two hearts you will find the story of my old, worn-out, heart. But there is also, from the very beginning, the story of this new heart, the heart that not long ago animated another life and that now beats inside my chest. I dedicate this book to that life and his or her loved ones.

Índice/Contents

.

Corazón de hojalata

Margarita Saona

El corazón de la poesía

El corazón de la poesía,
incluso de la mía,
no es casi nunca el corazón,
el verdadero,
el órgano que mueve la sangre,
el órgano con ventrículos y arterias.
El corazón de la poesía
es una metáfora,
aunque tal vez sea metonimia,
un símbolo,
un desplazamiento,
un tropo
que mueve la palabra músculo
del puro cuerpo
hacia el reino
de los sentimientos.
"Mi corazón" era
con frecuencia
la forma más dulce
de llamar a mis hijas
o era
esa avalancha de emoción
que amplificaba los latidos,
o era
mi vida toda
con todos sus afectos.

Y el ícono del corazón
me daba el encuentro
día a día
sin que siquiera lo pensara:
una figurita rosada o roja,
en nuestras pantallas,
en el día de San Valentín,
o en cualquier aniversario.

The Heart of Poetry

(Translation by Marco Dorfsman)

The heart of poetry,
my own included,
is almost never the heart,
the true one,
the organ that moves blood,
through its ventricles and arteries.
The heart of poetry
is a metaphor,
though perhaps it's a metonymy,
a symbol,
a displacement,
a trope
that moves the muscle word
from the pure body
to the realm
of feelings.
"Heart of mine" used to be
the most frequent
and sweetest way
I would call my daughters;
and my heart was
that avalanche of emotion
that sped up the rhythm of the beats;
and "my heart" was
my whole life, all of it,
with its full panoply of passions.

But the heart icon
came to me
every day
without me ever thinking about it:
a little red or pink figure
on our screens
on Valentine's Day
or on any anniversary.

2

Un dibujito que usamos
cuando queremos,
o tal vez cuando no queremos,
decir "te quiero".
El ícono del corazón
es tan omnipresente
como la metáfora.
Pero las metáforas y los íconos
no suelen ser arbitrarios:
los sentimientos,
al menos a mí,
siempre me estallaban en latidos
y la emoción
me daba vuelcos en el pecho
y aquel órgano muscular
parecía crecer y encogerse
a consecuencia de los afectos.

¿Qué me haré ahora,
entonces,
que el órgano falla
y devela la falsedad
de la metáfora?
¿Qué me haré ahora
que no es mi corazón
el que bombea?
Escribo
y todavía aquéllo
se estremece,
máquina,
órgano,
corazón ajeno,
todavía ese órgano
me contiene.

A little drawing we use
when we want
or perhaps when we don't want
to say "I love you."
The heart icon
is as omnipresent
as the metaphor.
But metaphors and icons
are not usually arbitrary:
and feelings,
at least in me,
always burst out in heartbeats,
and emotion
churned in my chest
while that muscular organ
seemed to grow and shrink
because of all the feelings.

What do I do,
then,
since the organ itself failed
and now reveals the falsehood
of the metaphor?
What do I do now
that it is no longer my heart
that pumps?
I write
and still it
shakes,
that alien heart,
organ,
machine,
continues to shake, and even so,
that organ contains all of me.

Corazón de hojalata

Hojalata,
plástico,
metal,
algo
que no está hecho
de lo que soy:
ADN
y recuerdos
activados
por un latido.

Los dioses de la tecnología
me otorgaron
una segunda vida:
un corazón de hojalata
anima la vida
que alienta este cuerpo:
mi ADN,
mis recuerdos.

Pero cuando me llevo
una mano al pecho
buscando mis latidos,
aquello que siempre fue
la banda sonora
de mi humanidad,
lo único que siento es
el sordo,
constante
zumbido
de un refrigerador.

Tin Heart

Tin,
plastic,
metal,
something
that is not made
of who I am:
DNA
and memories
set in motion
by a heartbeat.

The gods of technology
granted me
a second life:
a tin heart
pumps the life
that animates my body,
my DNA,
my memories.

But when I rest my hand
on my chest
searching for my heartbeat,
the rhythm that used to be
the soundtrack
of my human life
the only thing I feel
is the flat
humming
noise
of
a refrigerator.

Fallo cardiaco

A Amy Jones

Cuando se te rompe el corazón
puede que escuches un rumor
como de espuma
creciéndote en el pecho,
o una presión
en la boca del estómago.

Puede que sientas que el aire
se adelgaza
que no se puede agarrar.
Puede que te preguntes
qué pasará después...

Nadie sabe qué
me rompió el corazón,
pero todos sabemos
que hay dolores
y penas de más.

Y yo,
yo he tenido tanta suerte.

Me remendaron
como pudieron,
pero tristemente
dijeron:

"Sí,
estás viva,
pero te ha fallado
el corazón.
No sabemos
qué clase de vida
podrás llevar
con un corazón fallido".

Failing Heart

To Amy Jones

When your heart breaks
you might hear a rumor of rising foam
ascending up your chest
or a pressure
on top of your stomach.

You might feel that the air
has gotten thinner,
hard to grasp,
you might wonder
what comes next...

Noboby knows
what broke my heart,
but we all know
there is enough heartache
to go around.

And I,
I am one of the fortunate ones.

They patched me up
but, sadly looking said,
"Yes, you are alive,
But your heart failed.
We don't know
what kind of life
you can live
with a heart that failed."

Yo he tenido suerte.
Mi corazón
remendado,
cicatrizado,
demasiado grande,
demasiado débil,
demasiado rápido,
ha recibido
tanto amor,
tantos cuidados...

Mi corazón falla,
es lo que dicen...

Pero estoy aquí,
todavía,
peleándole a la pena
y al dolor.

I am one of the fortunate ones.
My heart
all patched
all scarred
too big
too weak
too fast
has gotten so much love
and so much care...

My heart is failing,
so they say...

But I am here
still fighting
heartache away.

Corazón hipotético

Y si este corazón no diera para más
que el agitado aliento
de doblar la esquina…
Si diera solamente para una vida
de muchos límites y de modesto alcance…
¿No sería esa todavía
una vida?
¿O sería apenas una vida a medias?
¿Habría que decirle entonces a mi corazón
que desafortunadamente ha fallado?
¿Será que no ha amado lo suficiente?
¿O será que siempre quiso amar de más?
¿O que se trababa amando algo que estaba
siempre más allá de lo evidente?
Dicen
que su ventrículo izquierdo bombea
apenas
y que su miocardio
es menos músculo
que dura cicatriz.
Pero mi corazón siente,
se agita,
mueve la sangre que me anima.
Y yo,
la que este fallido corazón alienta,
camino, escribo, leo, cocino, juego y quiero.
No sé,
es cierto, si sería capaz
de escalar montañas
ni si podría
defenderme de los oscuros embates
del destino.
Pero este corazón marcha
y yo sigo.
Y si determinaran
que este corazón no es ya
un suficientemente bueno corazón,

Hypothetical Heart

And if this heart could not handle more
than my panting
every time I turn the corner,
if it could only afford me
a life full of limits
and very modest goals,
would that not be
still a life?
Or would it only be
half a life, barely a life?
Would I need to tell my heart that,
sadly, it has failed?
Is it that it did not love enough?
Or perhaps that it always wanted
to love too much?
Or that it tripped itself by loving
something that was not there
to be loved?
They say,
that its left ventricle barely pumps
and that
its myocardium
is less strong muscle
than a bunch of scars.
But, nonetheless,
my heart feels,
flutters,
moves the blood
that gives me life.
And I,
the one whom this heart heartens,
I walk, write, read, cook, play, and love.
I don't know,
for sure,
if I would be able
to climb mountains
or if I could

dicen,
habría que ordenar otro corazón a la medida.
El problema es
que ese otro corazón
anima ahora otra vida,
una vida supuestamente plena,
la de alguien que tal vez podría
escalar montañas
y enfrentar cualquier cosa
que el destino deparara.
Pero para que ese corazón
reemplazara
a mi fallido corazón
esa vida,
supuestamente plena,
tendría que dejar de ser
para que su corazón pasara
a animar la mía.
Y sé
que no se trataría
de un sacrificio
fríamente calculado,
de algo planeado
por conciencia alguna,
que sería el corazón venido
de una vida
accidentalmente segada.
Y aún así resulta extraño
concebir la hipotética circunstancia

face the dark assaults of fate.
But my heart goes on
and so do I.
And if they determined
that this heart is not
a good enough heart,
anymore,
they say
it would be necessary
to order a new heart
ready to go.
The thing is
that that other heart
pumps another life now,
a life I presume full and rich,
the life of someone
who can climb mountains
and face anything
that fate brings.
But for that heart
to replace
my failing heart,
that life,
that supposedly full life,
would have to stop
so its heart would start
animating mine.
And I know
this would not be
a cold,
calculated sacrifice,
something planned
in full awareness,
this would be a heart
whose life was
accidentally reaped.
And, nonetheless, it is weird
to think of that hypothetical
circumstance,

y me pregunto
cuán fallido
tendría que estar mi fallido corazón
para que yo pudiera desear
uno nuevo
a cambio de otra vida.

and I wonder
how weak
would my weak heart
have to be
for me to wish
a new heart
in exchange for
someone else's life.

La batalla

Y si me muero
(es decir si me muero pronto)
¿dirán que perdí la batalla?
¿Y cómo podrán entonces
 alabar mi espíritu combativo,
mi entereza, mi determinación?
¿Y qué batalla es ésta
y cuál el enemigo?
¿Son ganar o perder
formas del vivir o del morir?
¿Qué vestido encontrarán
para no nombrar a la muerte descarnada?
Claro que lo mío,
este corazón que se desbanda,
que se rompe y que falla,
es más difícil de nombrar
que los monstruos con nombre,
como el Cáncer o el Alzheimer
y difícilmente un enemigo.
Es mi corazón, mi corazón mío,
mi propio corazón,
parte desde siempre de la que soy,
de la que he sido
y ningún eufemismo me funciona.
Y si lucho y me desvivo
por vivir
no tengo claro al enemigo,
como no sea éste la muerte,
y la batalla
simplemente
una negociación de aplazamiento.

The Battle

(Translation by Marco Dorfsman)

1.

And if I die
(that is to say, if I die soon)
will they say that I lost the battle?
How could they then praise
my fighting spirit?
My fortitude? My determination?
And what kind of battle is that?
And who is the enemy?
Are winning and losing
ways of living and dying?
What disguise will they find
in order not to name brutal death?
Of course, my own thing,
this unraveling heart,
breaking and malfunctioning,
is harder to name than
the monsters on the list,
like Alzheimer's and Cancer,
and it is hardly an enemy.
It is my heart, my heart, mine,
my own heart,
since forever a part of me,
of who I am, of who I was,
and no euphemism works for me.
If I fight and exhaust myself
to live,
I still don't know about the enemy
unless it be death,
and the battle itself
simply
a negotiation for an extension.

Despedida

Y si me muero
(es decir si me muero pronto
pero también más tarde,
cuando muera...)
quisiera dar la cara
sinceramente
a la vida que viví
con sus errores
y sus aciertos,
pedir perdón
cuando haga falta,
agradecer el amor
hasta el último instante,
admitir que pude dar apenas
lo que tuve,
darle a mis hijas la fuerza
para que también
puedan darle la cara
a la vida
que a veces es dura
y a veces brilla,
y entonces partir sin rencores
y sin miedos
dejar que el cuerpo vuelva
a sus primitivos elementos,
sabiendo que si soy polvo,
fui polvo enamorado.

2.

And if I die
(that is to say, if I die soon,
but also later,
when I die...)
I would like to face,
honestly,
the life I lived,
with all the screw ups
and the good moves,
apologize when necessary
and thank love,
admit that I could just barely
give what I had,
give my daughters the strength
to also be able to face
life,
which is sometimes harsh
and sometimes bright,
and then to depart
with no hard feelings
and with no more fears
to let the body return
to its primal elements,
knowing that if I am dust,
I once was dust in love.

El recital se llama latido

Y pienso en este corazón que te habla
en sístole y diástole
y en cómo sístole y diástole
resuenan en cada uno de tus pasos

Pienso en ti,
la joven bailarina
impulsada por la gracia de su propio corazón,
y en cómo resonará mi corazón
impulsado por tu movimiento.

The Recital is Called Heartbeat

(Translation by Marco Dorfsman)

And I think of this heart that speaks to you
in systoles and diastoles
and how each one of your steps
is systolic and diastolic.

I think
of you,
the young ballerina
propelled by the grace of her own heart
and of how my own heart will resonate
propelled by your movement.

Una apología del olvido

Nunca pensé
que defendería al olvido,
yo,
que me imaginé
detective secular
de un pasado inabarcable,
escudriñando en los recuerdos
con el afán de los conversos,
segura,
convencida
de que contendrían
la verdad,
la revelación,
la clave;
yo,
adalid de la memoria,
negándome a aceptar
la muerte de los muertos
y denunciando
a los que buscan borronear
las oscuras cicatrices de la historia,
yo,
ahora,
ante las presentes condiciones,
me rindo ante el olvido.

Cuando el recuerdo
es incapaz de enseñar nada,
cuando la memoria no puede
conducir a la justicia,
porque no hay nada que juzgar,
porque no hay más culpable
que el azar, tan desalmado,
cuando el ataque es brutal,
pero sin causa y sin agente,

In Favor of Oblivion

(Translation by Marco Dorfsman)

I never thought
I would defend forgetting,
I,
who imagined myself
a secular detective
of a limitless past,
scrutinizing memories
with the devotion of a convert,
certain,
convinced
that they contained
the truth,
the revelation,
the key;
I,
the champion of memory,
refusing to accept
the death of the dead
and denouncing
those who seek to erase
          the dark scars of history,
I,
now,
under current circumstances,
surrender myself to oblivion.

When memory
is no longer able to teach anything,
when memory is unable
to lead to justice,
because there is nothing to judge,
because there is no guilty party
beyond chance, heartless chance,
when the attack is ruthless,
but without cause or agent,

el olvido se presenta
como bálsamo y resguardo.
Nunca pensé
que defendería al olvido,
y, sin embargo,
agradezco a esta niebla
en la conciencia
que difumina
los dolorosos orígenes
de mis cicatrices.

oblivion is there
to provide shelter and care.

I never thought
I would defend forgetting,
and yet, nonetheless,
I am thankful for this fog
in my awareness
as it blurs
the painful origins
of my scars.

Esas cosas

Porque esas cosas
no sólo les pasan a otros
y a veces le pasan a una,
esas cosas,
estas cosas
que a veces son la enfermedad
o la muerte
o un cuerpo que también es máquina
o una hija enferma
o un temor que paraliza...
Y entonces
buscamos entender cómo,
de qué manera,
nosotros entendíamos
estas cosas
cuando les pasaban
solamente a otros
y cómo los otros otros,
aquéllos
a los que no les pasan estas cosas
pueden entender esto
que hoy le pasa a una.

These Things

(Translation by Marco Dorfsman)

Because these things
not only happen to others,
they sometimes happen to ourselves,
these things,
which sometimes are illness
or death
or a body that is also a machine
or a sick child
or the fear that transfixes...
And then we search for the understanding of
how,
in what way,
we used to understand these things
when they only happened to others,
and how the other others,
those
to whom these things don't happen
can understand these kinds of things
that are happening to us.

Kintsugi

A Michele Curly

(Traducción de Marco Dorfsman)

¿Cómo remendar lo que se ha roto?
¿Cómo esconder cicatrices y zurcidos?
¿Cómo volver a hacerlo entero?
No se puede, ¿ves?
Ocultar las grietas de la vida vivida
sólo produce una máscara dura y falsa,
sin resplandor
ni brillo
ni calor.
El material del que estamos hechos
refleja el deterioro y el desgaste
de los días, felices o tristes.

El shogún japonés que rompió su tazón
bien sabía que podía encontrar nuevo encanto
en el remiendo, y marcó con oro el pegamento
en las grietas del objeto amado y así recobrado.

El material del que estamos hechos
lleva las marcas de las vidas que vivimos
y las grietas y zurcidos son testigo
a una historia preciosa, aunque dolorosa.

Mira el oro de tus cicatrices,
las obvias
y las ocultas.
Encuentra la belleza
en lo que permanece.

Kintsugi

To Michele Curly

How can you mend what has been broken?
How can you hide the scars and seams?
How can you make it whole again?
You can't, you see?
Any attemps to hide the faults brought on by life
will just result in a fake hard mask,
no luster,
no glow,
no warmth.
The material stuff of which we are made
reflects the wear and tear
of both happy and ill-starred days.

The Japanese Shogun who broke his bowl
knew that he could find new beauty in the repair
and so gold highlighted the cracks and mends
of an object loved enough not to toss away.

The material stuff of which we are made
bears the marks of the lives we live
and scars and seams are witness
to a precious, if painful, history.

See the gold on all your scars,
the ones we see
and the ones we don't.
Find the beauty
in what persists.

Sobreviviente

(Traducción de Marco Dorfsman)

Soy sobreviviente,
no soy héroe.
Tan sólo me aferro a la vida
como cualquier otro organismo
sujeto a la vida que le fue dada.
Si sigo viva
es por un deseo
más fuerte
en mí
que el dudoso encanto de la muerte,
eso nada más
y nada menos.
Soy sobreviviente,
no soy héroe,
y si le doy la cara al monstruo
no es porque no tenga miedo,
es por el miedo de lo que vaya a pasar
si me atrevo a mirar para otro lado.
Soy sobreviviente,
no soy héroe,
quizás encuentres inspiración en mí
si también te inspira un lince,
un insecto,
una hoja de hierba,
un árbol.

I am a survivor

I am a survivor,
I am not a hero.
I just cling to life
like any other organism
holding onto the life it's been given.
If I've stayed alive this far
it is because desire
is stronger in me
than
the dubious allure of death,
nothing more,
nothing less.
I am a survivor,
I am not a hero,
and if I look the monster in the face
it is not because I am not afraid,
it is because I fear what might happen
if I dare to look away.
I am a survivor,
I am not a hero,
and you might find me inspiring
if you are also inspired by a linx,
an insect,
a leave of grass,
a tree.

Un corazón disponible

(Traducción de Marco Dorfsman)

*Compartiendo el destino
con un ave de carroña,
negada la elegancia
de un ave de rapiña,
me quedo quieta, sentada
esperando La Llamada.
Sé que no soy asesina
activa, apenas soy alguien
cuya subsistencia depende
de la muerte de otro.*

*Podemos darle vueltas
a las ideas
y las palabras;
podemos presentar el asunto
como un don de vida
o como un mero
giro del destino,
o podemos hablar de un corazón
que se hace disponible
como si fuera algo
recién llegado a la tienda
para la nueva temporada...*

*(Una enfermera dijo
"¿sabes? en el verano
hay muchas muertes
por accidente de motocicleta...")*

*Y así
no puedo
no pensar
en el corazón mismo,
no puedo más que pensar*

An Available Heart

Sharing the fate
of the carrion bird,
denied the elegance
of a bird of prey,
I will just sit tight
and wait for The Call.
I know I am not an active killer,
only someone
whose subsistence depends
on someone else's death.

We can circle around
the ideas
and the words:
we can present it as
the gift of life
or as a mere
twist of fate,
or we can talk about a heart
becoming available
as if it were something
that arrives fresh at the store
when in season...
(One nurse said
"you know...the summer
brings so many
motorcycle deaths...")

And so
I cannot
not think
about the actual heart,
I cannot help but think
that the actual heart

en el corazón mismo
que ahora late
en el pecho de otro.
Lo imagino fuerte,
joven,
atrevido,
lleno de vida.
Imagino que tiene mamá,
y tal vez hasta hijos...

Pero para que esto pase
necesito solamente esperar
hasta que podamos hablar de él
como un corazón disponible.

is now beating
in someone else's chest.
I imagine him strong,
young,
risk loving,
full of life.
I imagine he has a mother,
perhaps even a child...

But for this to happen
I need to just wait
until we can talk about him
as an available heart.

Corazón no disponible

(Traducción de Marco Dorfsman)

El ronroneo de mi pecho
está tan lejos
del tic tac de un reloj,
y, sin embargo,
mi cuerpo es de materia,
está hecho de tiempo,
mi cuerpo es mortal,
y, por eso, espera...

Dijeron que alguien
me ofrecería un corazón,
puesto que, desgraciadamente
la gente muere. Dijeron
que la muerte pasa todos los días,
pero la mía podía esperar. (Por ahora).
Nada más necesitas otro corazón.

Mi cuerpo espera cambiar su corazón,
por un corazón de donante,
por un corazón que combine.
Pero por allí está otra persona
con otro cuerpo mortal
y otro corazón sano
a quien le toca vivir otro día,
estirar sus piernas,
salir a pasear,
quizás, dar un abrazo.

Unavailable Heart

This humming in my chest
is so distant
from the tick-tock of a clock
and, nonetheless,
my body is made of matter,
made of time,
my body is mortal,
and, thus, awaits...

They said someone
would offer me a heart,
because, sadly, people die.
Death happens every day,
they said,
but yours can wait. (For now.)
You only need another heart.

My body awaits a change of heart,
a donor's heart,
a matching heart.
But someone else
with a mortal body
and a healthy heart
gets to live another day,
stretch her legs,
walk around,
perhaps, embrace.

Ella me daría su corazón,
pero todavía no termina con la vida.
La muerte pasa,
me dicen,
pero, amando la vida,
¿cómo le puedo desear
la muerte justamente
a la que hoy ama
con un corazón
que combina con el mío?

She would give me her heart,
but she is not done with life.
Death happens,
I've been told,
but, loving life,
how can I wish death
precisely for the one
who today loves
with a heart
that matches mine?

Dentro de mucho, mucho tiempo

Cuando las niñas llegaron a esa edad
en la que, de pronto,
aprehendieron el concepto de la muerte,
esa sombra oscura y tenebrosa
opacando el sol
de sus sonrisas,
preguntaron
"¿Eso significa
que TÚ también te vas a morir?
¿Que YO me voy a morir?
"Sí", dije, "pero..."
Y no quería mentir,
no quería prometer
de alguna forma
una vida eterna.
Prometí, en lugar de eso,
lo que entonces
no parecía ser
demasiada mentira:
les prometí apenas
una larga, larga vida.
Dije: "Sí, me voy a morir,
pero eso no será
hasta dentro de mucho,
mucho tiempo
y tendré el cabello blanco,
tal vez hasta ustedes
tengan entonces
el cabello blanco.
No va pasar
hasta dentro de mucho,
mucho tiempo;
por mucho, mucho tiempo
voy a estar con ustedes,
las voy a cuidar".

For a Long, Long Time

When the children reached that age
when the concept of death dawns on them
like a dark, scary, shadow of gloom
over their sunny smiles,
they asked
"Does that mean
that YOU are going to die?
That I am going to die?"
I said "Yes, but..."
I did not want to lie,
I did not want to promise,
somehow,
eternal life.
I promised, instead,
what then seemed
not quite a lie:
I just promised them
a long, long life.
I said "Yes, I will die
But it won't be
For a long, long time,
and my hair will be white
and yours might be too.
It won't happen for a long,
long time;
for a long, long time
I will be with you,
I will take care of you."

Y mucho, mucho tiempo
sonaba
a para siempre.
Pero sucedió
que mi cabello
todavía no es
del todo blanco
y la muerte me ha buscado
más de una vez.
Cada vez le he dicho
"Bueno, si tiene que ser...
pero les prometí a mis niñas
que estaría con ellas
por mucho, mucho tiempo".
Me han dicho que la muerte
no negocia,
no regatea de esa manera.
Y, sin embargo,
no sé cómo,
estoy aquí
un día más,
estirando este día
y el próximo
por mucho,
mucho tiempo.

And a long, long time
sounded
like forever.
It turns out
that my hair is not quite white
and death has already visited
more than once.
And every time I've said,
"Well, if you must...
But I promised my kids
that I would be with them
for a long, long time."
I've been told
Death does not bargain,
it does not haggle
like that.
And somehow,
I am here,
for another day,
trying to stretch this day
and the next
for a long, long time.

Valentín

14 de febrero
y en mi pecho
un nuevo corazón.
La llamada llegó
en medio de la bruma
un día de enero
y camino al hospital
te pensé,
corazón.
Pensé en la vida de aquél
o aquélla
que hoy me ofrecía
su corazón,
pensé que alguién
que te amaba,
en medio de la más terrible
pérdida,
en medio de un dolor
que no sé imaginar,
me daba,
en ese momento,
su corazón.
Pensé
en la promesa
de una vida larga,
pensé
en la vida corta
cuyo corazón
hoy me habita.
Hoy te llevo conmigo,
parte de mí,
como un hijo,
como renacer
y ser uno
y ser dos.

Valentine

February 14
and in my chest
beating
a new heart.
The call came
on a foggy January day
and on my way to the hospital
 I thought of you,
my heart.
I thought of the life
of the one who
came and offered me
a heart,
I thought of the one
who loved you
and in the midst
of the most terrible loss,
in the midst of a grief
I don't know how to think,
someone hurting
was giving me
at that very moment
a heart.
I thought
of the promise
of a long life,
I thought
of the short life
whose heart
now lives inside me.
I carry you with me,
a part of me,
like a child,
like a birth,
being one
and being two.

Mi corazón,
tu corazón,
late
y tu vida
me ha dado
nueva vida.
Te pienso,
Valentín,
y te honro,
con cada latido,
corazón.

My heart,
Your heart
beats,
and your life
has given me
a new life.
I think of you,
Valentine,
and I honor you
with every heartbeat,
my heart.

Datos biográficos

Margarita Saona estudió lingüística y literatura en la Pontificia Universidad Católica del Perú y obtuvo el doctorado de literatura latinoamericana en la Universidad de Columbia, en Nueva York. Enseña en el departamento de estudios hispánicos en la Universidad de Illinois en Chicago. Ha publicado numerosos artículos en revistas especializadas, dos libros de crítica, Novelas familiares: Figuraciones de la nación en la novela latinoamericana contemporánea (Rosario, 2004) y Memory Matters in Transitional Perú (Londres, 2014), y dos libros de ficción breve, Comehoras (Lima, 2008) y Objeto perdido (Lima, 2012).

Biography

Margarita Saona studied linguistics and literature at Pontificia Universidad Católica del Perú . She received a Ph.D. in Latin American literature from Columbia University in New York. She lives in Chicago, where she teaches in the department of Hispanic Studies at the University of Illinois. She has published numerous articles, two books on literary and cultural criticism, Novelas familiares: Figuraciones de la nación en la novela latinoamericana contemporánea (Rosario, 2004) and Memory Matters in Transitional Perú (Londres, 2014), and two books of short fiction, Comehoras (Lima, 2008) and Objeto perdido (Lima, 2012).

Título/Title: Corazón de hojalata/Tin Heart
Autor/autor: Margarita Saona
Traductores/Translators: Marco Dorfman, Margarita Saona
Imagen de portada/Cover image: Margarita Saona
Editor: Miguel López Lemus (Editorial Pandora Lobo Estepario)

EDITORIAL
Pandora Lobo Estepario Productions
http://www.loboestepario.com/press
Chicago/Oaxaca

Made in the USA
San Bernardino, CA
01 June 2019